BEI GRIN MACHT SICH IHR WISSEN BEZAHLT

AF130035

- Wir veröffentlichen Ihre Hausarbeit, Bachelor- und Masterarbeit

- Ihr eigenes eBook und Buch - weltweit in allen wichtigen Shops

- Verdienen Sie an jedem Verkauf

Jetzt bei www.GRIN.com hochladen und kostenlos publizieren

Bibliografische Information der Deutschen Nationalbibliothek:

Die Deutsche Bibliothek verzeichnet diese Publikation in der Deutschen National-
bibliografie; detaillierte bibliografische Daten sind im Internet über http://dnb.d-
nb.de/ abrufbar.

Impressum:

Copyright © 2006 GRIN Verlag, Open Publishing GmbH
Druck und Bindung: Books on Demand GmbH, Norderstedt Germany
ISBN: 978-3-668-21471-2

Dieses Buch bei GRIN:

http://www.grin.com/de/e-book/127477/definition-arten-und-ursachen-von-lern-
stoerungen-interventionsmoeglichkeiten

Anja Frank

Definition, Arten und Ursachen von Lernstörungen. Interventionsmöglichkeiten bei Lese-Rechtschreibschwä- che (LRS) und Rechenschwäche

GRIN Verlag

GRIN - Your knowledge has value

Der GRIN Verlag publiziert seit 1998 wissenschaftliche Arbeiten von Studenten, Hochschullehrern und anderen Akademikern als eBook und gedrucktes Buch. Die Verlagswebsite www.grin.com ist die ideale Plattform zur Veröffentlichung von Hausarbeiten, Abschlussarbeiten, wissenschaftlichen Aufsätzen, Dissertationen und Fachbüchern.

Besuchen Sie uns im Internet:

http://www.grin.com/

http://www.facebook.com/grincom

http://www.twitter.com/grin_com

Ernst-Moritz-Arndt Universität

Institut für Erziehungswissenschaften

Lernstörungen

Schriftliche Hausarbeit

für das Seminar
„Pädagogische Ansätze zur Arbeit mit Kindern in Not"

WS 05/06

Name: Anja Frank

Studienfächer: Lehramt Gymnasium: evang. Religion, Englisch
Semester: 5 Semester
Datum der Fertigstellung: 08.04.2006

Inhaltsverzeichnis

Vorbemerkung

Das Lernen ist ein Prozess dem wir unser ganzes Leben lang unterzogen sind. Diese Fähigkeit ist eine wichtige Grundbedingung für alle Lebewesen, damit sie sich an die Gegebenheiten des Lebens und der Umwelt anpassen können. Nur indem wir lernen erkennen wir, wie wir mit ihr agieren müssen, sie verändern und sie unseren persönlichen Bedürfnissen anpassen können. Das Überleben hängt noch heute bei den Lebewesen von ihrer Fähigkeit zu Lernen ab. Bereits im Mutterleib lernen wir Menschen verschiedene Stimmen kennen und zu unterscheiden. Als Kinder üben wir uns im Lesen, Schreiben oder Sprechen und legen die Vorraussetzungen für unser weiteres Leben fest. Und auch im hohen Alter werden wir immer wieder mit neuen Informationen bombardiert, denen wir uns stellen müssen. „Man lernt nie aus" besagt ein berühmtes deutsches Sprichwort. Dass das Lernen aber mit zunehmendem Alter immer problematischer wird, erfährt man aus „Was Hänschen nicht lernt, lernt Hans nimmermehr". Und es gibt noch viele weitere Reime, Gedichte und Sprichwörter, die mit ernstem oder lustigem Ton die Bedeutung des frühen und effektiven Lernens hervorheben. Was aber wenn insbesondere bei Kindern Schwierigkeiten beim Lernen auftreten und Misserfolge entstehen? Dass dieses durchaus zum Alltag eines Menschen gehört, kennen wir noch aus unserer eigenen Schulzeit. Sie können kaum vermieden werden. Häufen sich aber die Probleme über einen großen Zeitraum, verlängern sich die Perioden des Misserfolgs, der darauf folgenden Ermahnungen oder Bestrafungen, so zieht das meist schwerwiegende Folgen für den Betroffenen mit sich. Es beeinträchtigt nicht nur seine Zukunftschancen und Berufsaussichten, sondern vor allem sein eigenes Selbstvertrauen, sein Selbstbild. Der Schüler muss vielleicht die Klasse wiederholen, eine Sonderschule besuchen oder wird sogar ohne Mindestabschluss entlassen. Aber die Vorurteile der Mitschüler, der Statusverlust, der mit Sitzenbleibern verbunden ist, die Stigmatisierung als Schulversager- prägen den Betroffenen oft bei weiten mehr.

Lernschwierigkeiten und Lernstörungen betreffen nicht nur eine kleine Minderheit. Tausende von Schülern, Eltern und Lehrer werden jährlich mit dem Problem konfrontiert. Fast jeder zwanzigste Schüler weist eine gravierende, allgemeine Lernstörung auf,[1] Die Notwenigkeit sich damit auseinander setzten zu müssen, kann nicht ge-

---

[1] Lauth; Grünke; Brunstein, Interventionen bei Lernstörungen, Göttingen 2004, S.14.

leugnet werden. Ursachenforschung und Methoden zur Verringerung der Lernschwierigkeiten müssen gefunden und vertieft, die Betroffenen und Nicht-Betroffenen
informiert und aufgeklärt werden. Diese Hausarbeit beschäftigt sich darum mit den
gängigen Fragen zum Thema „ Lernstörung", bezieht sich auf dessen Definition, Arten und möglichen Interventionen. Lernstörungen sind eine ernste Angelegenheit der
unbedingt nachgegangen werden muss.

1. „LERNEN"- Versuch einer Definition

Bevor ich mich auf das Thema Lernstörungen spezialisiere, möchte ich in einem kur-
zen Exkurs auf das Lernen selbst eingehen.

„Unter Lernen versteht man den bewussten und unbewussten individuellen oder kol-
lektiven Erwerb von geistigen und körperlichen Kenntnissen, Fertigkeiten oder Fähigkeiten."[2] Informationen werden aufgenommen und gespeichert, wieder abgerufen
und eingesetzt. In dem wir mehrmals den gleichen Inhalt wiederholen und damit re-
gelhafte Erregungsmuster in unserem Gehirn hervorrufen - lernen wir. Es hinterlässt
also regelrecht Spuren in unserem Kopf. Auch etymologisch gesehen hat Lernen
etwas mit „Spuren hinterlassen" zu tun. Es gehört nämlich zur Wortgruppe „leisten",
das in der Vergangenheit so viel bedeutete wie „einer Spur nachgehen, nachspü-
ren."[3] Doch beim Lernen werden nicht nur reine Informationen abgespeichert. Ein
erfolgreicher Lerner verknüpft bereits Bekanntes mit Neuem, erkennt Gesetz- und
Regelmäßigkeiten, ist nicht nur kognitiv sondern auch motivational aktiv und reflek-
tiert bzw. optimiert das eigene Lernen mit Hilfe von verschiedenen Strategien der
Planung und der Organisation. [4] Diese Lehrmethoden werden bereits seit frühster
Kindheit an besonders in den Schulen geübt. Darum ist es eine wichtige Aufgabe des
Lehrers dem Schüler bei der Optimierung seiner Lernstrategien zu helfen und auf
Probleme und Schwierigkeiten entsprechend reagieren zu können.

---

[2] http://de.wikipedia.org/wiki/Lernen

[3] Ebd.

[4] Lauth; Grünke; Brunstein, Interventionen bei Lernstörungen, Göttingen 2004, S.17.

2. Lernstörungen

2.1 „LERNSTÖRUNGEN"- Versuch einer Definition

Nach Aussage von Lauth, Brunstein und Grünke sind Lernstörungen nichts anderes als „Minderleistungen beim absichtsvollen Lernen." Obwohl genügend angemessene Lernangebote zur Verfügung stehen, werden die erwarteten Leistungen nicht erreicht. Das bedeutet, dass das gewünschte Können, Wissen und Verhalten einfach nicht in der erforderten Qualität, mit der ausreichenden Festigkeit oder in der dafür vorgesehenen Zeit erworben werden kann. Die betroffenen Schüler leiden dementsprechend an Lernstörungen.[5]

Es ist nicht so einfach eine detailliertere Definition festzulegen, da dann meist auch die Ursachen und die Interventionen sowie Gegenmaßnahmen aufgelistet werden müssen. Lernstörungen können aber von unterschiedlicher Art sein. Körperlich, geistig oder beides, vorübergehend oder überdauernd, bereichsspeziefisch oder allgemein. Ein weiteres Problem ist, dass es in der Literatur eine Vielzahl an Begriffen zu diesem Thema gibt, die manchmal als Synonyme gebraucht werden können, sich manchmal aber auch stark von einander abheben. „Lernschwierigkeiten, Leistungsversagen, Lernbehinderung" sind nur einige wenige der verwendeten Begriffe. Erst innerhalb der letzten 20-25 Jahre trat der übergeordnete Begriff „Lernstörung" auf.[6] Lernbehinderung bezeichnet zum Beispiel bei einigen Quellen eine „schwerwiegende Form des Schulversagens, die eine besondere Form der Beschulung notwenig macht."[7] Auf Grund der unübersichtlichen Anzahl an Lernstörungen, deren Begleiterscheinungen und Subklassen, ist es kompliziert sie in ein umfassendes komplexes Klassifikationsschema einzuordnen. In dieser Arbeit werde ich mich aber auf die Klassifikation nach Klauer & Lauth beziehen, die meiner Ansicht nach durchaus die wichtigsten Aspekte der Lernstörungen widerspiegelt (Anlage 1).

2.2 Arten von Lernstörungen

Die inhaltlich begrenzten Lernstörungen weisen große Schwächen in einem Lernbereich auf, obwohl der Schüler in den anderen Fächern eine gute oder sehr gute Lernfähigkeit aufweist. Solche Lernstörungen beinhalten zum Beispiel Störungen des

---

[5] Lauth; Grünke; Brunstein, Interventionen bei Lernstörungen, Göttingen 2004, S.13.

[6] William H Gaddes, Lernstörungen und Hirnfunktion, Berlin 1991, S. 36.

[7] Werner Zielinski, Lernschwierigkeiten, Stuttgart ²1995, S.12.

schriftlichen Ausdrucks und Rechenstörungen. Die allgemeinen Lernstörungen wie geistige Behinderung, Schulversagen, Lernbehinderung benachteiligen das Lernen nicht nur in fast allen schulischen, sondern auch in vielen außerschulischen Bereichen extrem. Meist sind sie auf eine Begrenzung der intellektuellen Fähigkeiten zurückzuführen. Lernstörungen können vorübergehend und überdauernd sein. Treten die Schwierigkeiten nur zeitlich begrenzt auf, so ist dies oft eine Reaktion des Schülers auf Ereignisse und kritische Umbrüche in seinem Leben. Situationen wie Schulwechsel zum Beispiel können das Lernverhalten der Kinder zwar kurzzeitig beeinflussen, aber meist nicht unwiderruflich zerstören. Überdauernde Lernstörungen dagegen verschlimmern sich oft mit der Zeit und wirken sich dementsprechend negativ auf das Selbstbewusstsein und das soziale Verhalten aus. Schüler, die sich nicht genug zum Lernen motivieren können, unter großer Prüfungsangst leiden oder einfach falsche Lernstrategien anwenden, werden unter dem Begriff „Underachievement" zusammengefasst. Wenn sie ihre Schwierigkeiten nicht rechtzeitig beheben, setzten sie sich auch bis ins Erwachsenenalter fort und können zu beruflichen und sozialen Problemen führen. [8]

2.3 Ursachen von Lernstörungen

Wie bereits gesagt, gibt es die verschiedensten Verursachungsbedingungen von Lernstörungen. Sie werden in der Literatur unterschiedlich zugeordnet und bewertet. Eine Möglichkeit die Ursachen darzustellen ist die Variante von Carrol (1973) bzw. die differenziertere Form von Haertel et al. (1983). Demnach gibt es interne Bedingung, wie die Fähigkeit des Schülers Anweisungen zu verstehen, bereits Vorkenntnisse zu besitzen und sich selbst motivieren zu können. Externe Bedingungen beinhalten die Qualität des erteilten Unterrichts und die zugestandene Lernzeit. Die von Haertel et al. hinzugefügten moderierende Bedingungen beschäftigen sich mit dem Klima der Unterrichtsstunde, den Peer- Group- Beziehungen, den Bedingungen des Elternhauses und dem Einfluss der Medien. [9] (Anlage 2)

Diese Ursachen stehen allerdings nicht einfach nebeneinander, sondern sie bedingen und beeinflussen sich gegenseitig. Sind die Basisfertigkeiten, also die grundlegenden Fertigkeiten der Informationsverarbeitung, bei einem Kind nicht ausreichend ausgeprägt, benötigt es mehr Zeit um die Aufgabe überhaupt verstehen zu können

---

[8] Lauth; Grünke; Brunstein, Interventionen bei Lernstörungen, Göttingen 2004, S.13-14.

[9] Werner Zielinski, Lernschwierigkeiten, Stuttgart ²1995, S.19.

und somit eine höhere Motivationsbereitschaft. Auch bei Defiziten im Wissens- und Begriffssystem kommt es zu einer Erschwerung bei der Anwendung von Lernstrategien und dem Erlernen von neuen Informationen. Wenn die Kinder ihre Metakognitiven Fähigkeiten nicht ausreichend ausbilden, können sie ihr Lernverhalten nicht optimal planen und organisieren. [10] Die Lernzeit verlängert sich und die Motivation sinkt. Eine zu kurze Lernzeit oder ein didaktisch fehlgeleiteter Unterricht führt ebenfalls zu Lernschwierigkeiten. [11]

Aber auch das Elternhaus beeinflusst den Schüler in seinem Lernverhalten. Nach Aussage des Buches „Intervention bei Lernstörungen" häufen sich die Fälle von Lernstörungen insbesondere bei Kindern aus Familien der sozialen Grundschicht. Kinder ausländischer Herkunft sind darüber hinaus ebenfalls gefährdet.[12] „Ungeordnete Familienverhältnisse, Eheprobleme, Scheidungen oder eine frühe Trennung von Mutter und Kind, aber auch ungewollte Schwangerschaft, uneheliche Geburt oder Alkoholprobleme in der Familie können sich ungünstig auf den Schulerfolg der Kinder auswirken."[13] Allerdings sind sich viele Wissenschaftler einig, dass eine soziale Benachteiligung an sich noch keine Erklärung für Lernschwierigkeiten ist.

Von Bedeutung ist zum Beispiel auch die häusliche Stimulation in Form von Büchern. Der Erziehungsstil der Eltern spielt eine ebenso große Rolle. Aber darüber wie dieser Stil im Endeffekt sein sollte, sind sich die Pädagogen nicht einig. Einige wie Dornbush at al. (1987) oder Fend et al. (1976) denken aber, dass ein autoritärer Erziehungsstil den Leistungsdruck nur negativ erhöht und Angst vor negativen Sanktionen bei schlechten Noten mit sich zieht. Auch Thomson et al. (1990) sagt, dass Lernstörungen verstärkt auftreten, wenn das Kind zu sehr kontrolliert und nicht genug unterstützt wird. Andere bringen die Lernschwierigkeiten mit der Mutter in Verbindung, die entweder auf Grund ihres Ausbildungsniveaus versucht, das schulische Engagement des Kindes zu determinieren, oder eine zu starke Kontrolle beim Lernverhalten der Kinder ausübt.[14]

---

[10] Lauth; Grünke; Brunstein, Interventionen bei Lernstörungen, Göttingen 2004, S. 15.

[11] Werner Zielinski, Lernschwierigkeiten, Stuttgart ²1995, S.19.

[12] Lauth; Grünke; Brunstein, Interventionen bei Lernstörungen, Göttingen 2004, S. 15.

[13] Werner Zielinski, Lernschwierigkeiten, Stuttgart ²1995, S.58.

[14] Werner Zielinski, Lernschwierigkeiten, Stuttgart ²1995, S. 58- 59.

Auch die anderen moderierenden Bedingungen wie das Klassenklima und die Peer-Group- Beziehungen beeinflussen den Schüler. Lernen in der Schule erfolgt in der Regel immer in einem sozialen Kontext. Werden stets gewisse einzelne Schüler vom Lehrer bevorzugt, beeinträchtigt dies mit Sicherheit das Interesse und die Mitarbeit der anderen Kinder negativ.[15] Fehlende Freundschaften, eine mangelnde Kooperation zwischen den Schülern, die Bildung von sich abschließenden Cliquen belasten das Klassenklima und führen meist zu Problemen und möglichen Lernschwierigkeiten. Doch obwohl es nach Aussage von Zielinski noch keine umfassenden detaillierten Untersuchungen zum Thema „soziale Umfeldbedingungen" gibt, kann durchaus festgestellt werden, dass die meisten Schüler, die sich im Klassenverband selbst als beliebt sehen, eine extrem positive Einstellung zum eigenen „Ich" und zur Schule aufweisen. [16]

In unserer heutigen Zeit gehören Radio, TV und Computer zu den alltäglichen Dingen unseres Lebens. Es gibt allerlei Sendungen, die die Schüler mit Informationen und Bildern bombardieren und ihr Freizeitverhalten stark beeinflussen. So verbringen nach einer Studie ca. 35% der 6-8jährigen 30 Stunden pro Woche, meist unbeaufsichtigt, vor dem Fernseher. Lehrer bemängeln schon seit Jahren, dass die Kinder mit erhöhtem Fernsehkonsum uninteressiert und übermüdet erscheinen.[17] Vielfach wird darüber diskutiert, in wie fern sich das auf die Lese- und Schreibfertigkeit auswirkt. Das der Konsum das Lernverhalten direkt beeinflusst, kann wohl von jedem ehemaligen Schüler durchaus nachvollzogen werden. Wer macht schon gerne Mathehausaufgaben, wenn im Fernsehen die Lieblingssendung läuft? Dennoch bin ich der Meinung, dass den Kindern der Zugang zu den Medien nicht verboten werden sollte. Sie sollten im Gegenteil besonders im Umgang mit den technischen Geräten geschult werden, damit sie verstehen, wie diese oft ihr Verhalten beeinflussen und bestimmen. Dass die Arbeit mit Computern oder Fernseher durchaus auch produktiv sein kann, erfuhr ich während der Durchführung meines Orientierungspraktikums. Die Schüler waren hoch motiviert, stärker interessiert und brachten so dem Unterricht auch eine große Aufmerksamkeit entgegen. Sie lernten schneller, effektiver und hatten dabei viel Spaß. Es kommt also auch in erster Linie auf die Qualität und den Umgang mit den Medien an.

---

[15] ebd.: S.50-54.
[16] ebd.: S.57.
[17] ebd.: S.62.

Nicht vergessen darf man die physiologischen Ursachen der Lernstörungen. Bei einigen Schülern kann die Lernschwäche durchaus auch auf eine anatomische Veränderung der Hirnentwicklung zurückgeführt werden. Genetische Faktoren oder die Fehlfunktion von gewissen Drüsen, die zu wenige bzw. zu viele chemischen Absonderungen produzieren, können ebenfalls Gründe für eine bestehende Lernstörung sein. Bei einer Schilddrüsenüberfunktion zum Beispiel sind die Betroffenen stark aktiv, reizbar, leicht zu erregen und können sich nur schwer konzentrieren. Eine Schilddrüsenunterproduktion dagegen bringt ein schlechtes Gedächtnis, einen niedrigen Intelligenzquotienten, Übergewicht und einen Mangel an Energie mit sich. Durch eine entsprechende medizinische Behandlung kann es aber zu einer signifikanten Verbesserung nicht nur beim Leistungsvermögen, sondern auch beim sozialen Verhalten kommen.[18]

In seinem Buch „Lernstörungen und Hirnfunktionen" schreibt William H. Gaddes, dass auch Störungen der Sinnessysteme, wie beispielsweise ein herabgesetztes Seh- oder Hörvermögen, das normale Lernvermögen beeinträchtigen können. Die meisten durchschnittlich begabten Kinder können ein solches Defizit aber mit Brillen, Hörhilfen und einer entsprechenden Unterrichtsmethode leicht ausgleichen. Schwerwiegendere Folgen hat eine solche genetische Schädigung, wenn sie in der Hirnrinde angesiedelt ist. Bei solch einer Hirnschädigung kann die Wahrnehmung, das motorische Reaktionsvermögen und die damit verbundene Lernfähigkeit des Kindes, stark geschädigt sein. Eine mögliche Ursache für diese Störung kann durch Mangelernährung oder Drogen- und Alkoholmissbrauch, insbesondere während der Schwangerschaft, hervorgerufen worden werden.[19]

Wie auch immer man versucht die jeweiligen Ursachen der Lernstörung klarer zu formulieren, am Ende steht fest, dass immer das Kind und seine Umwelt im Mittelpunkt stehen müssen. Je nach Charakter des Schülers, seinen Erfahrungen, Kenntnissen, seiner Gesundheit und Motivation kann man versuchen, die Schwierigkeiten gemeinsam zu lösen und die Lernstörung einzugrenzen bzw. zu überwinden.

---

[18] William H Gaddes, Lernstörungen und Hirnfunktion, Berlin 1991, S. 33.
[19] ebd.: S. 34 – 35.

3. Spezielle Lernstörungen

3.1 LRS- Die Lese-Rechtschreibschwäche

Die Lese-Rechtschreibschwäche zählt zu der Gruppe der Entwicklungsstörungen schulischer Fertigkeiten und bezeichnet überwiegend sprachlich-linguistische und auditiv-phonologische Defizite, teilweise eingeschränkte Gedächtnis- und visuell-räumliche Fähigkeiten, aber auch motorische Defizite. Kurz gesagt es liegt eine massive und lang andauernde Störung des Erwerbs der Schriftsprache vor. Die Betroffenen haben häufig Probleme mit der Groß- und Kleinschreibung, Verwechseln „d" mit „t" und „v" mit „f", lassen Buchstaben aus oder verdrehen sie, fügen falsche Buchstaben in das Wort ein oder schreiben ein und dasselbe Wort immer wieder unterschiedlich falsch. Man geht davon aus, dass rund 10- 15 % der Schüler unter LRS leiden.[20]

3.1.1 LRS- mögliche Ursachen und Diagnose

Die Ursachen der Lernstörungen im schrift- sprachlichen Bereich sind verschieden. Wie bereits beschrieben, können organische Behinderungen für ihr Entstehen verantwortlich sein. Generell wird der Grund für die Schwäche in Schwierigkeiten mit der auditiven und visuellen Wahrnehmungsverarbeitung, der Sprachverarbeitung und vor allem der Phonetik angesehen. Dabei unterscheidet man in der Pädagogik zwischen einer „isolierten Rechtschreibstörung", bei der sich die Schwierigkeiten des Schülers auf die Rechtschreibung beschränken und der kombinierten Lese-Rechtschreibschwäche, bei der sowohl Leseprozess, als auch die Rechtschreibung deutlich hinter den zu erwartenden Anforderungen zurückbleibt.[21]

Da das Lesen und Schreiben zu den grundlegenden Sozialisationstechniken gehört, erkennt man im günstigsten Fall kurz nach der Einschulung, dass ein Kind mit dieser Schwäche zu kämpfen hat. Besonders begabte Kinder können allerdings durch Auswendiglernen des Textes den Schein aufrechterhalten und werden so meist bis in die 5. Klasse hin nicht erkannt.

Besteht der Verdacht auf eine Lese-Rechtschreibschwäche, so werden als Erstes organische Ursachen wie Fehlsichtigkeit und Schwerhörigkeit ausgeschlossen. In

---

[20] Horst Krist, Pädagogische Psychologie II, Greifswald 2003.
[21] ebd.

Gesprächen mit den Eltern oder in Verhaltensbeobachtung der Leistungssituationen wird versucht, eine mögliche seelische und psychische Belastungen wie ein Schulwechsel, ein Todesfall oder erhöhter Fernsehkonsum auszuschließen. In vielen Fällen allerdings ist dies bereits die Stelle, an der die Schwäche identifiziert und behoben werden kann. Können alle bereits genannten Faktoren aber soweit ausgeschlossen werden, muss nun im Anschluss der Leistungsstand und das Leistungsprofil des Kindes erfasst werden. Durch Testpsychologische Diagnostik, wie zum Beispiel dem Salzburger Lese- und Rechtschreibtest, dem Züricher Lesetest oder dem Westermann Rechtschreibtest wird die Leistung des Schülers sehr genau beobachtet und analysiert.[22] An manchen Stellen wird sogar ein Intelligenztest herangezogen, um eine Lese-Rechtschreibschwäche zu diagnostizieren. Diese Technik ist allerdings deutlich umstritten.[23]

3.1.2 LRS- Fördermöglichkeiten

Es gibt zahlreiche Trainingsprogramme und Therapievorschläge zur Förderung von LRS- Kindern. Beispiele hierfür sind die „Lautgetreue Rechtschreibeförderung" nach Reuter- Liehr oder das „Lautwortoperationsverfahren" nach Kossow. Am effektivsten sind Maßnahmen, die frühzeitig an der Lese- Rechtschreibschwäche ansetzten und das phonologische Bewusstsein stärken. Die Programme sollten auch immer individuell auf das Kind zugeschnitten sein. [24] Kann trotz allen Bemühungen kein durchschnittliches Schriftsprachniveau erreicht werden, so ist es Aufgabe der Schule und der Gesellschaft, der vielleicht entstehenden Schulangst des Kindes entgegenzuwirken und es durch psychologische Betreuung mit Hilfe von Lernmotivation und Konzentrationsübungen zu unterstützen. Weiterhin ist der Verzicht auf eine Bewertung der Lese- Rechtschreibleistung oder die Bereitstellung eines Computers zur Rechtschreibkontrolle möglich. Die Lehrer könnten die betroffenen Schüler weitgehend mündlich befragen und ihnen bei schriftlichen Leistungen mehr Zeit gewähren. [25]

Aber auch der Schüler selbst kann viel tun, um sich von der Lese- Rechtschreibschwäche nicht entmutigen zu lassen. Die Bestimmung seines eigenen Lernstils, die Erarbeitung effektiver individueller Lernstrategien, das stetige Üben des

---

[22] Horst Krist, Pädagogische Psychologie II, Greifswald 2003.

[23] http://de.wikipedia.org/wiki/LRS

[24] ebd.

[25] Horst Krist, Pädagogische Psychologie II, Greifswald 2003.

Lesens und Schreibens und natürlich die Verwendung von entsprechender Software können helfen, die eigenen Schwächen auszugleichen. Auch für Lehrer und die Klasse im Allgemeinen gibt es eine Vielzahl an Materialien und wichtigen Tipps, um den Umgang mit der Lernstörung optimal zu meistern. Ein Projekt wäre zum Beispiel das 2001 in Belgien gestartete „Students who learn differently."[26]

3.2 Rechenschwäche

„Die Rechenschwäche ist eine spezifische Lernstörung, die sich in außergewöhnlichen Schwierigkeiten beim Erwerb mathematischer Fähigkeiten und Fertigkeiten ausdrückt."[27] Erscheinungen der Rechenschwäche können Nominalismus, Mechanismus und Konkretismus sein. Nominalismus beschreibt die Zuordnung von Zahlnamen und Symbolen. Betroffene Kinder kennen zwar die Zahl und deren Reihenfolge, vergessen aber deren Quantität, das bedeutet, dass sie Additionen und Subtraktionen oft nur durchs reine Zählen durchführen können. Trotz verstärktem Üben wird bei den Kindern oft keine Verbesserung erzielt. Sie sind schnell erschöpft, benötigen viel Zeit und vergessen das Gelernte sehr rasch.[28] Erkennen die Schüler keine „offensichtlichen" Rechenfehler oder führt eine kleine Veränderung der Ausgangsaufgabe zu Komplikationen und Verwirrung, so ist dies oft ein Zeichen dafür, dass die Kinder Probleme mit dem Mechanismus der Rechenverfahren haben und die zu Grunde liegenden Verfahrungstechniken nicht verstehen.[29] Konkretismus bedeutet, dass der Schüler ohne Veranschaulichungsmaterial nicht rechnen kann. Das Fingerrechnen dient nicht nur dazu, Zahlen zu repräsentieren, sondern wird als eigentliche Rechenaktion angesehen.[30]

Alle drei Erscheinungen ergänzen sich und stehen in enger Verbindung. Kinder, die die Grundlagen des mathematischen Verständnisses nicht verstehen, können auch nicht in die höhere Mathematik eindringen. Zirka 1-6% der Bevölkerung leiden unter der Rechenschwäche.[31]

---

[26] http://www.studentswholearn.fawco.org/german.doc

[27] Horst Krist, Pädagogische Psychologie II, Greifswald 2003.

[28] http://de.wikipedia.org/wiki/LRS

[29] ebd.

[30] http://de.wikipedia.org/wiki/LRS

[31] Horst Krist, Pädagogische Psychologie II, Greifswald 2003.

3.2.1 Rechenschwäche - mögliche Ursachen und Diagnosen

Die Ursachen der Rechenstörung können in psychischen Problemen oder in sprachlichen Defiziten liegen. Aber auch Schüler, die auf Grund mangelnder Beschulung und Motivation die Grundlagen der Mathematik nicht gelernt haben, werden in diesem Sinne fördertechnisch betreut. Fachkräfte versuchen in Gesprächen die Probleme der Kinder zu lösen, aber der eigentliche Lernprozess kann damit nicht ersetzt werden. Liegt eine Rechenschwäche vor, so wird als erstes die „subjektive Rechenleistung und die objektiven Anforderungen des mathematischen Gegenstandes in verschiedenen Zusammenhängen" verglichen. [32] Rechentests, wie zum Beispiel der Osnabrücker Test zur Zahlenentwicklung, helfen um Defizite feststellen zu können. [33] Ein detailliertes System der Fehleranalyse ist QUADRIGA (Qualitative Diagnostik Rechenschwäche im Grundlagenbereich Arithmetik). Dieses an der Humboldt Universität entwickelte Testverfahren beinhaltet, dass der Betroffene laut über seine Rechenwege Auskunft gibt. Somit kann nachvollzogen werden, in wie fern ein Verständnis für die Mathematik vorliegt und wo die Wissensmängel vorhanden sind. Darüber hinaus kann bei diesem Test auch auf die Mimik, die Gestik und die Körpersprache des Probanden geachtet werden. Somit wird die Rechenschwäche genau definiert. Eine geeignete Therapie kann erstellt werden und gezielt am Problem ansetzten. [34]

3.2.2 Rechenschwäche - Fördermöglichkeiten

Analog zur Lese- Rechtschreibschwäche, liegt der Schwerpunkt der Fördermöglichkeiten auf der Vermittlung des mathematischen Grundverständnisses. Am Besten beginnt die Lerntherapie so früh wie möglich und bezieht sich direkt auf den Schüler. Am erfolgversprechendsten sind integrative Förderprogramme. Sie verwenden keine einheitlichen Programme, sondern erstellen ein individuelles Trainingsprogramm. [35] In einem therapeutischen Lerndialog mit dem Schüler werden auch die kleinsten Schritte einer Mathematikaufgabe erklärt und nachvollzogen. „Eine in die Lerntherapie integrierte Verlaufsdiagnostik sichert die Lernfortschritte, sodass durch angepasste Lernschritte systematisch die Defizite im Lernstoff aufgearbeitet werden können.

[32] http://de.wikipedia.org/wiki/Rechenschw%C3%A4che

[33] Horst Krist, Pädagogische Psychologie II, Greifswald 2003.

[34] http://de.wikipedia.org/wiki/Rechenschw%C3%A4che

[35] Horst Krist, Pädagogische Psychologie II, Greifswald 2003.

Damit stiftet die Therapie von Beginn an ein begründetes und wachsendes Vertrauen der Schüler in ihr neu erworbenes Wissen und ihre Fähigkeiten."[36]

Generell sollte schon früh zu Beginn der ersten Klassen eine Präventionsdiagnose durchgeführt werden, um bei Verdacht auf eine Rechenschwäche eine lerntherapeutische Frühbegleitung einleiten und erste numerische Abstraktionen erarbeiten zu können. Und auch schon im Kindergarten sollte eine Vorstellung der Mengen vermittelt werden. Hat der Schüler Schwierigkeiten mit der Simultanerfassung, kann man durch ein geeignetes Trainingsprogramm die Wahrnehmungs- und Sehfähigkeit verbessern. „Als wichtige Voraussetzung, um Zahlen als Anzahl verstehen zu können, wird aber von der integrativen Lerntherapie die inhaltliche Mengenerfassung favorisiert. Der bewusste Umgang mit Mengen als Repräsentanten von Anzahl als Voraussetzung für das Erlernen eines kardinalen Zahlbegriffs, wird hier als weitaus wichtigere Grundlage aufgefasst."[37]

4. Der Lehrer - Unterstützung und Verständnis

In der vergangenen Zeit wurde viel Kritik über die Schulen geäußert. Zeitungen und Fernsehsendungen betonen die Lernunlust der Kinder, begründen es mit schulischem Fehlverhalten, mangelndem Interesse der Lehrer am Schüler oder falschen Vermittlungsstrategien. Bücher wie das „Lehrerhasserbuch" werden veröffentlicht und stellen die Pädagogen allesamt an den Pranger. Von vielen Seiten heißt es Lehrer seien faul und dumm. Errungenschaften wie die schrittweise Einführung der Ganztagsschule, der Schulklubs, des Förderunterricht und der außerschulischen Sport- und Freizeitangebote werden nicht anerkannt und kaum gewürdigt. Viele Eltern schieben die Schuld an den Problemen ihrer Kinder der Schule zu und wollen oder können keine Verantwortung übernehmen. Leider wird oft vergessen, dass wir in einem sozialen Gefüge leben, dass den Eltern, ja der ganze Familie eine ebensogroße Rolle bei der Erziehung der Kinder zukommt wie den Lehrern. Ohne Unterstützung der Gesellschaft können die Ideen und Vorstellungen der Lehrer nur begrenzt umgesetzt werden. Eine Umstrukturierung des Schulsystems ist so nicht realisierbar.

---

[36] http://de.wikipedia.org/wiki/Rechenschw%C3%A4che
[37] ebd.

Aber auch mit wenigen Mitteln kann man etwas erreichen. Ein guter Lehrer versucht der Schulunlust der Kinder entgegenzuwirken. Schüler brauchen einen anschaulichen Unterricht, der nicht nur das Behalten fördert, sondern auch das Reproduzieren, - einen Unterricht, der sie an ihrem Wissenstand abholt und weiterführt, der an ihre Interessengebiete anknüpft und die puren Theorien in die Wirklichkeit umsetzt.

Kommt es zur Mitgestaltung der Kinder am Unterrichtsgeschehen, zur Organisation der Fahrten und Klassenreisen durch die Schüler, zur Umsetzung ihrer Ideen betreffs außerschulischer Aktivitäten, dann ist das eine effektive Möglichkeit, um sie direkt anzusprechen und zu interessieren. Schule soll und darf Spaß machen.

Neben der Wissensvermittlung steht in erster Linie die Erziehung des Schülers zu einem positiv eingestellten, kompetenten, kritischen und selbstbewussten jungen Menschen. Der Lehrer sollte darum zwischen den Mitgliedern der Lerngruppe vermitteln, sie koordinieren und ihnen helfen, funktionierende soziale Kontakte aufbauen zu lernen. Aber auch die tägliche Begrüßung, Verabschiedung, die Pausengestaltung, die freundlichen Umgangs- und Gesprächformen gehören zum Schulleben dazu und sollten dementsprechend nicht außer Acht gelassen werden. Herrscht an der Schule ein angenehmes Klima zwischen Schülern, Mitschülern und Lehrern, ist ein großer Schritt getan, um die Kinder fürs Lernen zu begeistern und eventuelle Lernstörungen schon im Keim zu ersticken.

Aber auch wenn bereits Lernstörungen vorhanden sind, können Lehrer viel dazu beitragen, die betroffenen Kinder zu unterstützen und umfassend zu fördern. Wichtig ist, dass der Lehrer Lernstörungen nicht als unwichtig und trivial degradiert. Schüler mit Lernschwierigkeiten sind nicht immer faul oder dumm. Mitschüler müssen auf die Umstände und Auswirkungen der Lernstörungen hingewiesen werden, sodass sie keine vorschnellen Vorurteile fällen. Helfen sich die Schüler untereinander, so kann ein Prinzip der Solidarität aufgebaut werden, dass nicht nur den Leistungsschwachen, sondern auch den Leistungsstarken Vorteile bringt. Kinder mit Lernstörungen bedürfen mehr Zeit bei der Aufgabenerfüllung und genauere Zielorientierungen. [38] Lehrer müssen das bei der Planung und Durchführung des Unterrichts beachten. Geht man auf den betroffenen Schüler ein, präsentiert Teilziele und wie diese auch mit Hilfe der Klasse von ihm erreicht werden können, dann motiviert man ihn, sich auch tatsächlich an die Herausforderungen heranzuwagen.

---

[38] Werner Jeske, Lernstörungen und Leistungshemmungen Berlin ²1995, S. 157.

Eine weitere Möglichkeit ist die des individualisierten Unterrichts. Dieser berücksichtigt im Gegensatz zu einem gleichförmigen Angebot für alle, die individuellen Fähigkeiten, Vorkenntnisse, Motive und Interessen eines jeden Lernenden. So kann gezielt an Defiziten gearbeitet werden und die Förderung des Schülers Erfolg bringen.[39]

Werner Jeske rät in seinem Buch „Lernstörungen und Leistungshemmungen" zu adaptiven Lernstrategien. Diese Techniken beachten die Unterschiede der Schüler, indem sie verschiedene Methoden empfehlen, um den besten Lernerfolg eines jeden Kindes zu ermöglichen. Damit man die neusten Trainingprogramme überhaupt kennen lernt, bedarf es aber auch der ständigen Weiterbildung. Fortbildungslehrgänge, Selbststudium oder berufsbegleitende Praxisberatung bieten zum Beispiel die Möglichkeit, sich mit diesem Thema auseinander zu setzten. Der Lehrer „muss lernen, die subjektiven Perspektiven seiner Schüler mit zu reflektieren und im Rahmen seiner Möglichkeiten Anknüpfungspunkte für den Unterricht zu suchen. Dann erst kann ein erfolgreiches Lernen gesichert werden. [40]

5. Resümee

Nach intensiver Auseinandersetzung mit meinem Thema „Lernstörungen" war ich überrascht, wie stark diese in den Schulen, ja in der ganzen Bevölkerung vertreten sind. Auch ich kann mich an meine Schulzeit und an vereinzelte Fälle von Lese-Rechtschreibschwäche erinnern, die von uns Schülern als solche aber nie ernst genommen wurden. Auch wenn wir die Betroffenen nie sozial ausgrenzten, wurde dennoch hin und wieder geschmunzelt und getuschelt. Weder sind wir über die Auswirkungen der Lernschwierigkeiten ausgiebig hingewiesen worden, noch wurde dies mit uns pädagogisch aufgearbeitet. Ich bin der Ansicht, dass dort für die Schulen auf jeden Fall noch Nachholbedarf besteht. Es gibt so viele Möglichkeiten die Betroffenen zu fördern. Lehrer sollten darum das Thema vor den Schülern nicht totschweigen und sich selbst umfassend informieren und weiterbilden. Aber auch die Gesellschaft muss Verantwortung tragen. Die Bereitstellung von finanziellen Mitteln und pädagogischen Ansprechpartnern in den Schulen wäre ein erster Schritt in die richtige Richtung. Darüber hinaus sollten Eltern und Familien ihre betroffenen Kinder stär-

---

[39] ebd.: S. 131-132.
[40] ebd.: S.135.

ker unterstützen und im engen Kontakt mit den Lehrern und Institutionen Möglichkeiten der effektiven Förderung suchen.

Literaturverzeichnis

Bücher

- William H Gaddes, Lernstörungen und Hirnfunktion – Eine neuropsychologische Betrachtung, Berlin 1991.

- Werner Jeske, Lernstörungen und Leistungshemmungen – Pädagogische Stützmaßnahmen, Berlin ²1995.

- Gerhard W. Lauth; Matthias Grünke; Joachim C. Brunstein, Interventionen bei Lernstörungen – Förderung, Training und Therapie in der Praxis, Göttingen 2004.

- Werner Zielinski, Lernschwierigkeiten – Ursachen- Diagnostik- Intervention, Stuttgart ²1995.

- Horst Krist, Pädagogische Psychologie II, Greifswald 2003.

Internetseiten

- http://de.wikipedia.org/wiki/Lernen
  Zugriff am 01.04.2006

- http://www.studentswholearn.fawco.org/german.doc
  Zugriff am 01.04.2006

- http://de.wikipedia.org/wiki/LRS
  Zugriff am 04.04.2006

- http://de.wikipedia.org/wiki/Rechenschw%C3%A4che
  Zugriff am 04.04.2006

Anhang

Anlage 1

	Bereichsspezifisch (partiell)	Allgemein (generell)
Vorübergehend (passager)	Lernrückstände in Einzelfächern	Schulschwierigkeiten Neurotische Störung
Überdauernd (persistierend)	Lese-Rechtschreib-Schwäche Rechenschwäche	Lernschwäche Lernbehinderung Lernbeeinträchtigung Geistige Behinderung

Klassifikation nach Klauer & Lauth (1997) (Klauer, K. J. & Lauth, G. W. (1997). Lernbehinderungen und Leistungsschwierigkeiten bei Schülern. In F. E. Weinert (Hrsg.), Enzyklopädie der Psychologie: Pädagogische Psychologie (Bd. 3: Psychologie des Unterrichts und der Schule, S. 701–738). Göttingen: Hogrefe)

Anlage 2

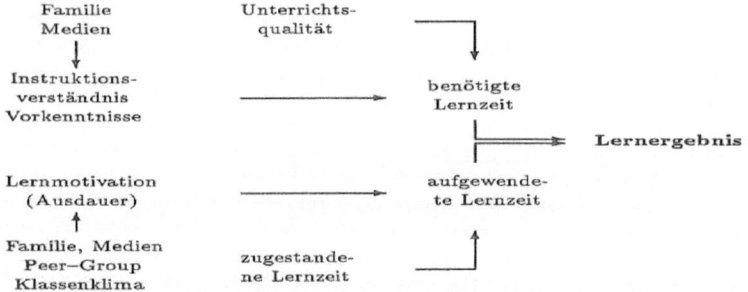

Aus: Haertel et al. (1983) (Haertel, Geneva D.; Walberg, Herbert J.; Weinstein, Thomas (1983): Psychological Models of Educational Perfomance: A Theoretical Synthesis of Constructs. In: Review of Educational Research, Volume 53 (1), p. 75-91)